LES HOMMES

DU CENTRE.

Voilà où sont les ennemis!

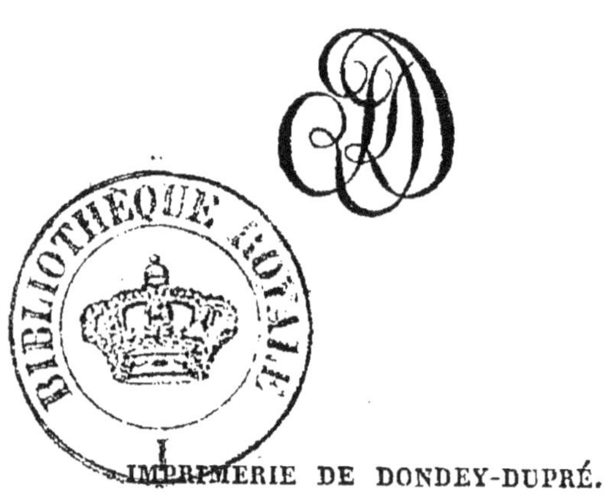

IMPRIMERIE DE DONDEY-DUPRÉ.

A PARIS,

Chez

DONDEY-DUPRÉ, Imprimeur-Libraire, rue St.-Louis, n°. 46, au Marais, et rue Neuve St.-Marc, n°. 10.

DELAUNAY, Libraire, Palais-Royal, galerie de bois.

1820.

LES HOMMES

DU CENTRE.

Il est tems de déclarer une guerre ouverte à cette partie de la nation qui s'est elle-même appelée le *centre*, et qu'un sobriquet populaire caractérise mieux encore. Il y eut de ces hommes dans toutes les contrées de la terre et sous tous les gouvernemens. Ce furent eux que Solon voulut tirer d'une inaction funeste, en décernant des peines contre les citoyens qui ne se déclareraient pas ouvertement pour un parti. A Rome, on ne les punit point, mais on les avilit par le mépris, et ils se dégradèrent bientôt eux-mêmes par les bassesses les plus révoltantes. On les vit venir baiser la main du meurtrier d'Agrippine, et Domitien les consulta pour savoir à quelle sauce il mangerait son turbot.

Les hommes du *centre* ont pris ce nom, parce qu'ils ont la prétention de se placer par leurs opinions et leurs votes, au juste milieu des partis. L'Académie donne en effet cette définition du *centre*, que « c'est le point du milieu d'une figure géométrique. » Ainsi, sans contredit, le centre, c'est le milieu; mais est-il aussi certain que la vertu soit au milieu? J'ignore qui, le premier, l'a placée là. Si, par le milieu, il faut entendre la modération, j'admets qu'en morale et en hygiène, la modération est une vertu; mais s'il est vrai qu'en politique, comme l'a très-bien dit un écrivain, rien n'est si modéré qu'un principe (1), je crains avec lui ces modérés qui veulent modérer la modération même. Ah! sans doute, la modération me convient; mais je suis averti qu'il y en a deux, la vraie et la fausse, et de même que Jean-Jacques s'écriait de la médecine : «mais que ne vient-elle donc sans le médecin» ; je voudrais que la modération pût exister sans les modérés.

Les *hommes du centre* se persuadent qu'ils composent la partie la plus saine de la nation, et il est facile de leur prouver, d'abord qu'ils ne sont pas au milieu des partis, et ensuite qu'en les y supposant, ce poste, nuisible à la patrie, n'est nullement honorable pour eux.

Je vais, pour combattre les hommes du centre

---

(1) M. Lacretelle aîné.

par un exemple plus sensible, les supposer dans la Chambre des Députés, quoique je sache très-bien qu'ils se rencontrent partout. Je dois convenir, sans doute, que s'il n'y en avait pas dans la nation, on n'en trouverait pas dans la Chambre législative ; mais je prie d'observer que leur nombre actuel, dans cette Chambre, y est disproportionné, parce que la loi des élections n'a pas encore reçu une exécution complette. Je déclare d'ailleurs qu'en supposant que le renouvellement des cinq séries ait été opéré par des élections libres, conformément à la loi en vigueur, je regarde la Chambre des Députés comme une image fidèle de l'opinion publique.

Sans attendre un billet de faveur pour pénétrer dans l'intérieur de cette Chambre, je consulte la statistique qui en a été publiée. « Vous voyez ! nous sommes au centre », ont l'air de me dire les députés de ce nom. Fort bien, messieurs, je vous accorde, d'après l'Académie, que vous occupez le point du milieu de la salle ; mais êtes-vous pour cela la sagesse ? En politique, le lieu où l'on se place n'y fait rien ; ce sont les opinions que l'on professe qui sont importantes. A l'assemblée constituante, les partisans des priviléges se plaçaient à la droite du président ; les défenseurs de l'égalité se plaçaient à la gauche : un centre était à peine remarqué. A la convention, les girondins occupaient le côté droit, les montagnards le côté gauche, et les *hommes du centre*, la plaine ou le *marais*. Dans les conseils législatifs, les partis n'étaient point postés. Au tribunat, les places étaient numérotées, et c'est particulièrement lors de la discussion du projet de loi sur les tribunaux spéciaux, que les rangs se divisèrent. Dans le corps législatif de Bonaparte, les députés étant réduits à être muets, peu importait où chacun se plaçait. Aujourd'hui, il y a dans la Chambre des députés un côté droit, un côté gauche et le *centre*, ce qui peut être pour le mieux dans le meilleur des mondes possibles. Mais que répondraient les députés du centre, si ceux du côté gauche et ceux du côté droit leur disaient alternativement : c'est nous qui formons le parti mitoyen ; et c'est vous, avec la droite, ou c'est vous, avec la gauche, qui en êtes les extrêmes ? Que diriez-vous encore, messieurs du centre, si les députés du côté gauche, ou ceux du côté droit, ou des deux côtés confusément, s'emparaient un jour à l'improviste de vos places ? Car, enfin, elles ne vous appartiennent pas plus qu'à eux, à moins que vous ne prouviez vous y être abonnés à l'année ; mais alors il faudrait qu'il y eût sur vos bancs l'écriteau vulgaire des loges louées, et que vous représentassiez les quittances de votre abonnement.

Il m'est donc démontré, *messieurs du centre*, que vous êtes au milieu de la salle, sans être au milieu de la nation; vous êtes au milieu, sans être médiateurs; vous êtes modérés, sans être modérateurs; vous ne sauriez être au milieu des opinions, car vous n'en avez point; et lorsque vous prétendez composer la partie la plus saine de la nation, vous n'en êtes que le *caput mortuum*.

Je répète, avec l'estimable écrivain que j'ai déjà cité : «j'aimerais et admirerais un *tiers parti* assez fort de vertu, de sagesse et de courage, pour soumettre les autres à la meilleure direction vers le bien public (1)»; mais qui êtes-vous, et d'où venez-vous, pour prétendre à cette mission? C'est ce que nous allons voir.

Il est des hommes qui, depuis 1787, ont traversé les assemblées provinciales, les assemblées des notables, les états-généraux, l'assemblée constituante, la convention, la république, le directoire, le consulat, l'empire, le champ de mai, les deux invasions et les deux rétablissemens de la maison de Bourbon, sans cesser d'être fonctionnaires publics. Ils auraient émigré, s'ils n'avaient craint que d'autres n'eussent usurpé leurs emplois; ils se seraient fait tuer vingt fois pour leur roi, s'ils n'eussent eu la curiosité d'as-

---

(1) M. Lacretelle aîné.

sister à toutes les fêtes nationales, à toutes les journées de nos révolutions, à tous les coups d'état. Cependant ils sont restés debout, comme ces colonnes que le tems et les bouleversemens de la nature ne peuvent tronquer. Leurs visages sont devenus communs à force d'être publics, et on les reconnaît comme ces figures banales qui représentent les quatre saisons. Ils ont conservé sans interruption leurs emplois et leurs dignités. On les retrouve partout, et c'est d'eux que l'on peut dire qu'ils sont les véritables immobiles. La royauté, la république et l'empire ont été renversés; mais ils semblent narguer les vicissitudes humaines. Eh bien! ces hommes ou ces statues sont tirés du centre.

Bas courtisans, ils ne sont fidèles qu'au pouvoir. Ils fuient l'infortune, comme un mal contagieux, et ne peuvent vivre que dans l'atmosphère de la prospérité. Vils caméléons, ils changent à chaque instant de masque. On a vu porter aux commissaires des guerres des habits sans envers, rouges ou bleus, à volonté ; eh bien ! les hommes du centre s'affublent d'un domino aux couleurs blanche ou bleue, qu'ils savent changer à propos; mais à force de le retourner, leur manteau est troué, et il trahit leur duplicité.

Il y eut, comme je l'ai dit, de ces hommes dans tous les tems et aux mêmes conditions, qui sont d'être *médiocre et rampant* ; mais la corruption du gouvernement de Bonaparte et la doctrine des feuilletons en ont prodigieusement multiplié le nombre en France.

Les hommes du centre se croient les sages par excellence, et ils sont dupes ou sots ; ils se prétendent modérés, et ils sont révolutionnaires. Dans l'assemblée constituante et dans l'assemblée législative, ils ont commencé, sous le nom d'*impartiaux*, à intriguer. Dans la convention, ils ont formé le *marais*, la *plaine*, et prêté des armes à la *montagne*, tandis qu'en se réunissant au parti girondin, ils pouvaient faire triompher la liberté. On parle aujourd'hui de rétablir le mode du scrutin ouvert, à cause de leur lâcheté, et ce sont eux qui, dans l'assemblée électorale de Paris, ont nommé par acclamation *Danton* et *Robespierre*. Ils ont laissé faire le 18 fructidor et le 18 brumaire. Sous Bonaparte, ils ont créé le consulat à vie et proclamé l'empire ; ils ont aidé à supprimer le tribunat ; ils ont voté les impôts extraordinaires et les conscriptions.

Le sénat n'a-t-il pas donné toutes les preuves de servilité ? Ne s'était-il pas voué à rendre à Napoléon, non-seulement ce qui était dû à César, mais tout ce qui était exigé par César ? Combien de fois Bonaparte n'a-t-il pas pu dire des sénateurs français, ce que Tibère disait des sé nateurs de Rome, qui le fatiguaient de leur adulation : « Les lâches, comme ils courent au devant de l'esclavage ! » Le premier sénatus-consulte (1) fut pris pour déclarer que l'acte du gouvernement qui déportait hors du territoire européen de la république cent trente citoyens, était une *mesure conservatrice de la constitution.* Les hommes du centre ont aussi banni de France, je ne sais quel nombre d'individus, sans loi antérieure et sans jugement, comme une *mesure conservatrice de la Charte*, et ils ordonnent que les pétitions qui ont pour objet de faire rapporter cet acte comme inconstitutionnel, *seront lacérées.* La majorité du sénat s'était tellement prostituée aux volontés de Napoléon, qu'elle eût voté, au prix de sa propre infamie, la déportation ou la mort de ses collègues de la minorité, comme une *mesure conservatrice du sénat conservateur.*

Les hommes du centre se disent les protecteurs de la religion, et il fut un tems où ils reniaient Dieu, comme ils renient aujourd'hui la philosophie, en faveur des missionnaires.

Il se vantent d'être les amis de la légitimité, et ils ne juraient autrefois que par *le grand Napoléon ;* et lorsqu'ils virent, au 20 mars, le dra-

---

(1) 15 nivôse an IX.

peau impérial arboré sur les Tuileries, ils s'empressèrent de tailler leur plume, pour signer l'acte additionnel.

Ils se proclament les défenseurs des Bourbons, et ils oublient qu'ils ont tous pris les armes le même jour pour assurer l'exécution de Louis XVI. On veut les excuser par la terreur ; mais conçoit-on bien que quatre-vingt mille hommes réunis et armés, se laissent terrifier à la même heure, lorsqu'on prétend que, pour empêcher cette exécution, il eût suffi de cinq cents hommes et d'une résolution énergique (1)? Ces quatre-vingt mille hommes auraient-ils donc été des *jacobins*, ou les véritables jacobins se fussent-ils trouvés dans cette population de six cent mille individus, d'où l'on déclare qu'ils ont été pris? Ah ! gardons-nous d'approfondir cette question !

Les hommes du centre se glorifient d'avoir été traîtres à Bonaparte, au profit de Louis XVIII, et la veille de chaque rentrée du Roi en France, ils ne pouvaient souffrir d'entendre annoncer son retour ; mais le lendemain, il est vrai, ils forçaient les Bonapartistes à faire *chorus* avec eux. Semblables à ces musiciens des chapelles de tous les cultes, ils ont façonné leurs livres à chan-

----

(1) Gazette officielle de Berlin, du 21 décembre 1819.

ter les louanges de tous les gouvernemens. On peut voir comment ils ont célébré Napoléon dans *l'oraison funèbre de Bonaparte* (1), dont l'éditeur avertit si justement les bibliographes, que c'est dans le *Moniteur* qu'existe la *première édition*.

Ils ne sont coupables, prétendent-ils, d'aucun des crimes de la révolution : mais ils ont participé à tous ces crimes, en les laissant commettre. S'ils ne se sont pas jetés dans la mêlée des partis, c'est qu'ils ont craint les coups des deux côtés ; mais lorsqu'on se bat, ils sonnent le tocsin ; et le *marguillier de Saint-Eustache* (2) était aussi un homme du centre. Lorsque les révolutions ou les contre-révolutions passent dans la rue, ils se mettent à la fenêtre ; ou s'ils craignent pour leur tête d'être vus, ils vont se cacher dans les endroits les plus inférieurs de leurs maisons. Ils ont partagé froidement tous les excès, auxquels l'ardeur des opinions a pu entraîner les autres citoyens. Ou les entend dire aujourd'hui qu'il est insignifiant qu'on se soit coîffé d'un bonnet de telle couleur, parce que les administrateurs et les juges d'alors étaient forcés de siéger avec

____

(1) Paris, 1814, 5me. édition.

(2) Personnage d'une comédie historique de ce nom, en trois actes, en prose, attribuée à M. Rœderer.

ce signe ; mais cette assertion est un mensonge, et ils ne s'excusent ainsi à l'avance que parce qu'ils ont la leçon d'un exemple, et qu'ils craignent que le bonnet bleu et blanc dont ils se couvrent jusqu'au bas des oreilles, ne vienne à se rompre sur leur front.

Égoïstes par tempérament, les hommes du centre sont indifférens sur tout ce qu'ils se persuadent ne pouvoir les atteindre. Les exils, les bannissemens, les proscriptions ne sauraient les émouvoir. De tels malheurs ne sont pas faits pour des gens comme eux. Ils sont d'un caractère qui les en préserve, et ils savent au besoin, être dénonciateurs plutôt que victimes.

Les hommes des deux partis ont des blessures de la révolution ; eux n'ont pas reçu une égratignure, et on les croirait invulnérables. A la ville, ils exploitent les finances ; aux armées, les subsistances ; à la cour, les emplois, les titres, les honneurs. C'est pour eux et leurs fils qu'ils ont inventé les remplacemens militaires, et aucun d'eux n'a jamais été tué que dans un remplaçant. Ils acceptent cependant les décorations de tous les ordres, même des ordres militaires, quoiqu'ils ne soient jamais sortis de l'ordre pacifique ; et, comme pour se montrer plus riches de royalisme, ils ont porté le lis en diamans.

Si le mépris pouvait les corriger, il faudrait

les montrer au doigt et les jouer sur la scène;
mais ils n'ont que deux ressorts, l'intérêt et la
peur. Ils ont d'ailleurs toutes les ambitions, et
ils ne dédaignent pas plus d'être marguilliers que
députés. Ils respectent le Roi comme un pouvoir; mais le ministère est leur idole, parce que
ce sont les ministres qui présentent à la signature
du Roi les pensions et les titres. Aussi, ils attendent le froncement du sourcil d'un ministre,
comme les ordres de Jupiter Tonnant. Un direc-
teur général les achète avec des promesses, un
ministre avec des rubans ; et, de quelque couleur
qu'ils soient, ils ne les refusent jamais. Ils pla-
cent aussi leurs intérêts dans la conservation de
leurs domaines nationaux ; mais, quoiqu'ils af-
fectent de ne pas manquer de confiance dans
l'inviolabilité de ces propriétés, ils les échangent
le plus possible contre des biens d'une *autre ori-
gine*, ou ils les rendent aux anciens proprié-
taires, moyennant l'*honnête récompense* que l'on
accorde à ceux qui rapportent des effets perdus;
ou enfin, pour ne point paraître les avoir volés
et se montrer plus généreux, ils les restituent
gratis, parce qu'ils n'osent avoir la peur de les
perdre. C'est ainsi que la peur du mal leur faisant abandonner des biens qu'ils ne croient pas
assez *légitimes*, parce qu'ils sont *constitution-
nels*, les guérit pour toujours du mal de la peur.

Mais c'est leur indifférence sur le sort de nos institutions et les destinées de la France, que je voudrais pouvoir flétrir. On a dit de nos prétendus *hommes d'état*, qu'ils jouaient aux constitutions, comme on fait une *partie de dames*; les *hommes du centre* attendent gravement les subversions politiques, en combinant les dés du domino ou en faisant des rois au piquet. L'un de ces messieurs, près de qui je me trouvais placé tandis qu'il jouait, me répétait dernièrement la question de M. Azaïs : *Comment cela finira-t-il ?* Par la guerre civile, m'écriai-je d'une voix de Stentor, pour l'effrayer. — Vous croyez, reprit-il avec sérénité ?.. Ah ! j'ai mal écarté; mes treffles sont à bas : trois dames valent-elles? Ce beau flegme me rappela la fable où deux petites maîtresses célèbrent, les cartes à la main, la mort de Turenne, et dont l'une s'évanouit, lorsque sa femme de chambre entre pour lui annoncer un autre malheur, c'est que Cibèle, sa petite chienne, n'avait voulu rien manger depuis la veille au soir (1). Quel autre intérêt n'a pas pourtant notre situation, qu'alors la mort de Turenne? Nous venons de perdre aussi l'un de nos plus braves généraux, non par un boulet de canon, mais

---

(1) *Voyez* la fable ou plutôt le conte, intitulé *les deux intéréts*, par le père Barbe, ancien doctrinaire.

par la disgrace. Nous ne manquons pas d'ailleurs de généraux; mais nous manquons d'armée, parce qu'un mauvais génie tout-puissant ne veut pas que nous en ayons une; et que, chaque fois qu'un ministre patriote a voulu la former, une main ennemie est venu détruire son ouvrage.

Un écrivain (1) qui a défini les hommes du centre sous le nom de *neutres*, en a formé deux espèces, l'une qui se retire de tout, pour ne s'exposer à rien, et qu'il appelle les *pleutres*; l'autre qui veut vendre sa docile nullité, et qu'il appelle les *trigauds*. Nous demandons à ce moraliste la permission d'ajouter à sa définition une troisième espèce, celle des *gobe-mouches*. Ce sont ceux qui ne connaissent ni les hommes, ni les choses de la révolution, ni surtout l'opinion publique; qui, n'ayant pour lecture quotidienne que la feuille ministérielle; ne connaissant les journaux que par le *Moniteur*, pour qui *l'esprit* des autres n'est pas contagieux, sont disposés à avaler les absurdités les plus indigestes. Si vous rencontrez l'un de ces hommes, et que vous lui demandiez *quelle nouvelle?* Il vous répond, en levant les yeux au ciel : « Ah! monsieur, dans l'état où la liberté de la presse a mis la France, il serait impossible de faire le bien. Il est reconnu aujourd'hui par

____

(1) M. Lacretelle aîné.

les meilleurs esprits, que, sans la censure des journaux, on ne peut gouverner. Le ministère n'est pas mal intentionné, mais les jacobins pullulent; ils semblent, à la voix d'un autre Cadmus, sortir de dessous terre, et il y en a autant à Paris que de pavés... » Vous voyez que cet homme confond tout, et qu'il prend les *jésuites* pour les *jacobins*. En effet, les gobe-mouches voient partout le jacobinisme rugissant, prêt à les dévorer, tandis que c'est le jésuitisme qui prépare autour d'eux ses poisons, et qui aiguise ses poignards. Ils ressemblent à ces hypocondres qui se tourmentent d'un mal qu'ils n'ont point, sans soupçonner celui qui les tue.

Ainsi, les *trigauds*, les *pleutres* et les *gobe-mouches*, voilà donc la sainte alliance qui veut gouverner la France et qui n'aspire à rien moins qu'à la conquête du monde !

Les hommes du centre cachent en général leur nullité dans la gravité, et ils se persuadent que, pour singer les hommes d'état, il leur suffit d'être silencieux. C'est après une séance importante qu'il faut rencontrer les députés de ce parti; ils prennent un air profond et se pincent la lèvre. Si l'on les interroge, ils ne répondent rien autre chose : *Les journaux vous diront, vous verrez...* Souvent on leur demande ce que l'on sait mieux qu'eux, et on leur rit au nez de leur discrétion.

Ainsi, ils n'avouent pas qu'ils ont voté les six douzièmes des contributions, mais ils ont voulu l'apprendre aux ministres, en déposant ostensiblement la boule blanche. Ils ne vous diront pas que si, dans telle séance, ils eussent voté courageusement, le ministère pouvait être en danger, mais que la liberté eût été affermie, car il leur reste encore cette pudeur de ne pas se vanter de leur félonie.

Je me suis trouvé chez des hommes du centre qui ne permettaient pas, jusqu'au dernier moment, de prévoir ni d'annoncer la chute de Bonaparte. Il est des maisons dont les maîtres interdisent d'insinuer même la prochaine disgrace d'un ministre. Tout est mytérieux, tout est ministériel, tout est faux chez ces gens-là ; ils sont modérés jusques dans la vérité, et ils voudraient quelquefois dissimuler qu'il fait jour, et que le soleil luit, dans la crainte de se compromettre avec les ténèbres.

Mais que deviennent les relations sociales au milieu de ces ambages? Quoi! je dois, par des rapports de parenté, de connaissance ou de profession, vous fréquenter ; je mange à votre table, je m'assieds à vos côtés, et lorsque je vous expose trop franchement mes opinions, je n'aurai pas le droit de connaître les vôtres ? Mais alors la société est un guet-apens, et je préfère me réfugier dans l'intérieur de ma famille, plutôt que de me soumettre à ces faussetés et à ces ennuis de vos réunions. Je crois que dans ma mauvaise humeur j'aimerais mieux dîner chez un ministre, parce que là, du moins, je suis averti qu'il faut faire, en bien mangeant, l'éloge de *monseigneur.*

Les opinions sont libres, mais c'est à condition qu'on en ait une, et c'est contre ceux qui n'en veulent pas avoir que Solon avait fait sa loi. Je crains les hommes monarchiques ; mais je les estime pour ce qu'ils valent, et si leur opinion est sincère, ils font bien de la professer. Je peux enfin causer, et même discuter avec le plus violent *ultra* et le plus roide indépendant ; mais que puis-je vous dire à vous, qui n'osez rien proposer, et qui ne faites que murmurer ces mots : *le ministère, les circonstances, la cour, l'anarchie...* Il faut donc que je me mette avec vous au régime de la pluie et du beau tems ; mais j'aime mieux me rendre muet volontaire.

C'est un point de doctrine chez les hommes du centre que le ministère qui existe ne peut pas changer. Le *Moniteur* ne leur suffit pas, pour croire à la révocation d'un ministre. Il faut que le Bulletin des Lois l'ait annoncée, et qu'ils aient lu l'ordonnance du Roi, signée et contre-signée. Alors, ils apprennent à croire ; mais ils ont, en pareil cas, des règles de conduite. Le ministre a eu tort, puisqu'il a perdu sa place ; ils avaient prédit qu'il ne la garderait pas, et le nouveau ministre ne peut qu'avoir raison, aussi long-tems qu'il conservera la sienne.

Les hommes du centre s'entendent d'ailleurs très-bien. Si le ministère n'est pas immuable, le pouvoir l'est, et voilà tout ce qu'il leur faut. Le ministre est mort, vive le ministre ! Souvent même ils respectent encore le ministre congédié, et continuent par prudence de voter avec lui ; ils n'ont pas toujours tort de croire aux revenans, car plus d'un ministre est revenu ; et il en est en ce moment qui se débattent violemment dans leur linceul, pour ressusciter.

J'ai dit que les hommes du centre commençaient à murmurer le mot d'*anarchie* ; et en effet, ils craignent plus l'anarchie que le despotisme. On sait quelle peur Bonaparte leur avait faite des *idéologues* ; et comme il faut changer les mots *d'ordre*, voilà que les anarchistes sont revenus à la mode. Je n'ignore pas que des journaux ont supposé que le Roi avait répondu à la députation qui a présenté dernièrement à S. M. les hommages de la Chambre, que la France avait un ennemi à combattre dans l'*anarchie* ; mais d'abord cette réponse n'est pas officielle, et il est remarquable que le *Moniteur* ne l'a donnée d'aucune manière. En admettant ensuite qu'elle soit authentique, il y aurait à respecter l'erreur du prince, qui serait l'œuvre des ministres, sans qu'il fût défendu de la discuter. Pour ceux qui ne se paient pas de mots, mais qui voient le fond des choses, la France a subi moins d'anarchie qu'on ne le croit. Sous le régime même de la terreur, il y avait moins d'anarchie que de despotisme, et je ne connais aujourd'hui personne en France, qui désire le défaut de gouvernement ou de chef; mais beaucoup de français, et ce sont en général les hommes du centre, appellent par leurs vœux l'oligarchie, qui, comme on sait, est une aristocratie imparfaite plaçant l'autorité entre les mains d'un petit nombre de gens riches. « Comme il est de l'essence de ce gouvernement, a dit Aristote, qu'au moins les principales magistratures soient électives, et qu'en les conférant, on se règle sur *le cens*, c'est-à-dire, sur la fortune des particuliers, les richesses y doivent être préférées à tout; elles établissent une très-grande inégalité entre les citoyens, et le désir d'en acquérir est le principe du gouvernement (1). » Voilà bien en effet ce qui convient aux hommes du centre, qui tous se sont enrichis

______

(1) Aristot. de Rep. lib. 3. cap. 7. lib. 4. cap. 4 cap. 15 ; id. reth. lib. de Rep. lib. 4. cap. 1. id. ibid. lib. 4. cap. 8.

dans la révolution, où ils ont pris pour eux la bonne part. Ces hommes là, j'en conviens, n'aiment pas les anciens privilégiés ; mais ils sont fort friands des nouveaux privilèges, et ils se plaisent à dire : les richesses, les nobles, le gouvernement enfin, *c'est nous.* Craindre l'anarchie dans un gouvernement représentatif, c'est annoncer que les institutions n'existent déjà plus. Pour moi, c'est l'oligarchie que je redoute ; et derrière elle, je vois l'ancien régime avec le cortége de l'arbitraire et du pouvoir absolu.

Je m'abstiens d'ouvrir les livres sacrés, pour reprocher avec l'apôtre, aux hommes du centre, d'adorer le veau d'or, et de faire un dieu de leur ventre. Je laisse aux couplets d'un spirituel chansonnier à les accuser aussi de ce que la gourmandise étouffe en eux l'amour de la liberté. Je crois qu'on les calomnie, et que si les Députés du centre dînent souvent *gratis,* ce n'est point pour cela aux dépens de leurs commettans. On sait quels dîners plusieurs d'entr'eux faisaient chez les *indignes;* mais l'évangile dit que ce qui entre dans le corps de l'homme ne souille point l'ame. Leur maxime est qu'il vaut mieux faire de dignes dîners chez les indignes, que d'indignes dîners chez les plus dignes. C'est la table de la direction générale des postes dont ils vantent aujourd'hui l'excellence, et l'infortuné *Lavalette* ne la tenaît plus, lorsqu'ils voulurent le faire périr. Hommes puissans! restez à table jusqu'à ce que vos convives soient rassasiés; car si vous la quittez avant l'heure, les hommes du centre s'empareront de votre place et ne vous permettront plus de rentrer dans la salle du festin.

Après cette courte disgression gastronomique, hommage obligé aux hommes du centre, je reviens particulièrement au parti qu'on les voit composer dans la Chambre des Députés.

Que dans une assemblée législative où les places ne sont pas marquées ni tirées au sort, il se forme deux côtés qui représentent les opinions opposées, je le conçois; mais qu'il s'y établisse une troisième fraction, composée de neutres, c'est une combinaison machiavélique qui ne peut avoir été conçue que par un ministère qui, jouant à la bascule, a besoin d'un corps mobile au milieu du camp, qu'il porte à droite ou à gauche, selon le danger qui le menace, pour enlever les postes par la force du nombre, plutôt qu'en combattant vaillamment. Il est remarquable, en effet, que les hommes du centre marchent toujours par pelotons, comme les gendarmes. Ils se lèvent en masse et sautent pour le ministère, à l'imitation l'un de l'autre. Ils ont besoin d'être escortés pour délibérer, et il leur faudra bientôt un sauf-conduit, pour oser paraître à la tribune.

Cependant, leur courage s'accroît avec la témérité du ministère. Ces messieurs, qui, il y a six mois, étaient essentiellement temporiseurs, même *conservateurs;* qui allaient disant qu'il fallait de la prudence pour obtenir successivement les conséquences de la Charte; qu'on ne pourrait la modifier en rien avant vingt ans, sont devenus exigeans et réformateurs en un jour. Maintenant, qu'il s'agit d'attenter à la Charte et de démolir l'institution la plus importante qui en dérive, ils approuvent *l'acte d'urgence,* et dédaignent le bénéfice du tems. Je les appelais naguères *députés de circonstance,* parce qu'ils opposaient sans cesse les *circonstances,* comme un obstacle à nos institutions; mais ils sont devenus des *députés d'impromptu,* pour faire un coup d'état, ou plutôt un coup de main.

Cependant une question préalable, s'il en fut jamais, s'élève à ce sujet.

Il est à observer que la Chambre est encore composée de deux cinquièmes de députés qui ont été élus en 1816, par les anciens colléges du régime impérial, conservés par l'ordonnance du Roi du 13 juillet 1815, et modifiés seulement par des adjonctions autorisées par l'ordonnance du 21 du même mois. La forme et les règles de ces élections étaient tout-à-fait différentes du système électoral actuel établi par la loi du 5 février 1817. Cependant les députés des deux plus anciennes séries ont concouru à l'adoption de cette loi : car sans eux, elle n'eût pu être faite. Ils y ont concouru, parce qu'alors le ministère la voulait, et le ministère actuel, qui ne la veut plus, va forcer ces mêmes députés à la rapporter. Il nous semble que la palinodie à laquelle le ministère les oblige est trop honteuse, et qu'ils devraient se récuser.

En effet, s'il s'agit d'abolir la loi des élections, ce sera donc par les députés qui ont été nommés par cette loi, et par ceux qui, ne tenant pas d'elle leur mandat, peuvent la regarder comme leur étant contraire et la traiter en ennemie.

S'il s'agit de réviser la Charte et de la déchirer, ce sera par des députés qui tous ont juré de la maintenir, et dont aucun n'est investi du pouvoir constituant. Par délicatesse ou par devoir, tous devraient nous sauver en s'abstenant ; mais non, me répondent les hommes du centre : périsse plutôt la patrie, que nous désemparions ! Nous jugeons bien que la chance prochaine des élections ne serait pas en notre faveur ; or, nous voulons rester députés, car le métier est bon, puisqu'il nous donne de la considération et des places. Nous voulons rester députés, maires, ou procureurs du Roi ; il est donc urgent de museler l'esprit de révolte qui s'apprête à nons écarter ; et il nous faut d'autres élémens d'élection, puisque nous voulons être réélus. Pour cette fois, ces messieurs raisonnent puissamment, et je n'ai rien à leur répondre ; car je n'espère pas les attendrir en leur montrant les plaies de la patrie. La patrie est une mère, et les enfans ambitieux sont ingrats ; les enfans cupides manquent d'une tendre pitié.

Il est remarquable que le centre se divise lui-même en trois parties : il a son côté droit, son côté gauche et son point du milieu. C'est dans cet invariable milieu, que la Gazette officielle de Berlin place les quarante membres qui votent sans condition avec le ministère ; c'est là que se trouve la vraie étoffe ministérielle, car il n'y a que des serviles qui puissent voter sans condition. Chacune des sections du centre paraît d'ailleurs si méprisable à l'autre, que les députés qui y siégent s'en font un reproche réciproque et se montrent au doigt ; on les entend dire l'un de l'autre : *il est du centre*, ce qui serait comique, si ce n'était un signe de dégradation. Je pourrais citer tel député qui, pour se réhabiliter dans l'esprit de ses commettans, a déserté toutes les catégories du centre, pour passer dans l'un des camps latéraux. Je ne prétends pas assurément qu'il ait choisi le meilleur ; mais il s'est rangé du côté de ses opinions, ce qui est une preuve de probité ; car il faut toujours être de son parti et se diriger d'après ses sentimens et ses affections.

Tout honnête homme croit être du bon parti ; mais le centre n'est pas un parti ; car il n'a ni bannières, ni couleurs, ni partisans. Les hommes du centre se trompent donc en croyant être dans un parti ; ils ne sont que dans une intrigue. Comme il n'appartiennent à aucun parti, qu'ils n'ont ni camp, ni armée, ils ont l'air d'étrangers au milieu des nationaux, et ce sont les *suisses* de nos assemblées politiques.

Je me garderai bien de confondre l'et *doctrinaires* avec les hommes du centre. Les députés, qu'on appelle *doctrinaires*, ont commis, je crois, des fautes ; mais ils sont des hommes de tête et de cœur, et il est évident pour moi, qu'au premier moment d'un combat, ils passeront au parti constitutionnel, que le gazetier de Berlin, et tous les gazetiers privés appellent le parti révolutionnaire.

Cependant, les *hommes du centre*, lorsqu'ils ne votent pas exclusivement avec le ministère, votent avec le côté droit. Ils n'hésitent pas à préférer M. de *Villèle*, M. de *Corbière* et M. *Lainé* ; je ne dirai pas à MM. *d'Argenson*, *Chauvelin* et *Lafayette*, ce qui serait trop exiger de leur part ; mais même aux chefs des doctrinaires, tels que

MM. *Royer-Collard*, *Camille-Jordan* et *Courvoi-*
« *sier.* Ces derniers, prétendent-ils, ont l'ambition
d'être ministres » ; mais je réponds d'abord qu'ils
ont raison, et je demande ensuite si M. de *Vil-*
lèle et M. *Lainé* sont plus désintéressés.

Ce sont malheureusement les hommes du cen
tre qui font les lois, en composant la majorité ;
mais c'est avec eux qu'il faudrait peser les suf
frages et non les compter.

Sans de tels hommes, il ne serait pas permis
à un ministre de venir prodiguer l'injure et la
menace aux élus de la nation, par des formes de
mépris qui sont peu parlementaires.

Je ne crains pas de le dire, les hommes du
centre sont les plus grands ennemis de la France.
Depuis trente ans, ils assistent à la guerre civile
comme à un spectacle. Prennent-ils donc nos
révolutions pour les jeux du cirque, et croient-ils
que la nation doive s'épuiser du plus pur de son
sang, pour repaître leur stupide curiosité ?

Les hommes du centre ressemblent en effet à
ces Romains dégénérés, qui, de l'amphithéâtre,
excitaient les gladiateurs ; mais il faut qu'ils mon-
tent à leur tour sur la scène, et qu'ils prennent
part à l'action,

Ce n'est pas pour sauver l'État par le courage
et l'ascendant de la vertu, qu'ils se sont jetés au
milieu des partis, c'est pour entretenir la guerre

et profiter dn butin. On les a comparés à ces honnêtes gens qui suscitent des querelles entre les joueurs, pour s'emparer des enjeux.]

Les hommes du côté droit sont bien dans leur rôle. Ils veulent l'ancien régime avec toutes ses conséquences ; les hommes du centre veulent aussi l'ancien régime, moins les anciens privilégiés, à la place desquels ils se proposent. Ils ne sont donc qu'une méchante doublure et une mauvaise parodie du côté droit. Ce sont des acteurs inutiles, qu'il faut siffler et congédier.

Le côté gauche et le côté droit ont jusqu'ici ménagé le centre, dans l'expectative d'y faire des recrues; mais la force centrifuge a dû céder à la force centripète. En vain, a-t-on espéré de faire prendre, comme on dit, à ces gens-là, du *cœur au ventre.* Cette expression a toujours signifié une impossibilité. Le cœur, par nature, est à gauche; et, si Molière l'a placé une fois à droite, ce fut sans conséquence; mais il n'eût pu le loger au centre. Il faut attaquer le centre, comme la colonne anglaise, que le maréchal de Saxe conseilla d'enfoncer aux champs de Fontenoy, ce qui décida de la bataille. Comme à la journée de Fontenoy, la victoire est à nous, si, profitant de l'irrésolution qui se manifeste actuellement dans le centre, nous le perçons et le forçons à déborder, par un à droite et un à gauche, de manière à le dissoudre entièrement.

Si j'avais la police de la Chambre des Députés, je ferais supprimer un jour tous les bancs qu'occupe le centre, et cet espace resterait vide. Jamais spectacle n'aurait été plus comique ou plus déplorable que l'arrivée des hommes du centre. N'ayant pas le courage de se placer à droite ou à gauche, et n'étant pas gens à rester debout, quelle perplexité !

Français, les circonstances graves où nous nous trouvons, réalisent la fiction que je viens de présenter. Il ne peut plus y avoir de centre pour la France. *Pour* ou *contre*, il faut opter ; il faut que chacun de nous prenne son rang à droite ou à gauche ; et puisse l'amour de la patrie et la voix de nos consciences nous inspirer dans ce choix !

Il n'y a véritablement qu'un parti en France, c'est celui qui représente le mieux les droits des citoyens et les intérêts de l'État. C'est le parti de la nation et du Roi : tout le reste n'est que faction. Ainsi, la France ou l'étranger, l'ancien régime ou le nouveau, la Charte ou l'olygarchie, le Roi constitutionnel ou d'interminables révolutions.

Ce n'est plus aux Chambres, encore mal divisées par un centre, qu'il faut adresser nos pétitions, pour demander la conservation du droit public des Français, de nos libertés et de nos franchises ; c'est à la personne même du Roi, au

Roi qui est inséparable de la nation. Dans tous les pays et sous tous les gouvernemens, on peut porter au chef suprême de l'État des plaintes et des prières respectueuses.

Nous avons à exprimer au Roi des vœux que nos Députés n'ont pas eu le courage de porter jusqu'à son trône.

Le Roi a *fait octroi* aux Français de la Charte constitutionnelle. Nous croyons qu'*octroyer* est un mot qui a vieilli, et qui était primitivement féodal; mais enfin, ce mot s'entend d'autant mieux, qu'il est accompagné de ces autres mots, « *nous avons accordé et accordons, fait concession.* » Le Roi a donc donné la Charte aux Français, « tant *pour nous,* a dit le Roi, que *pour nos successeurs et à toujours.* »

Nous pouvons donc dire que ce qui nous a été donné nous appartient, et ne saurait être repris sans notre volonté; mais, pour tenir au Roi un langage plus digne de sa personne, ce sont ses propres paroles qu'il convient de répéter.

« Sûrs de nos intentions, forts de notre conscience, nous nous engageons, devant l'Assemblée qui nous écoute, à être fidèles à cette Charte constitutionnelle, nous réservant d'en jurer le maintien, avec une nouvelle solennité, devant les autels de celui qui pèse dans la même balance les rois et les nations. » (1)

Tels sont les engagemens solennels qui sanctionnent, au nom de la religion, le préambule de la Charte. Jamais texte ne fut plus beau à développer dans une *Adresse* au Roi, et je l'adopte pour ma respectueuse pétition.

____

(1) Fin du préambule de la Charte.